Kiryo Abraham

Informationsaustausch auf der Basis von XML

Welche Arten von Standards sind erforderlich?

GRIN Verlag

Bibliografische Information der Deutschen Nationalbibliothek:

Die Deutsche Bibliothek verzeichnet diese Publikation in der Deutschen National-
bibliografie; detaillierte bibliografische Daten sind im Internet über http://dnb.d-
nb.de/ abrufbar.

Dieses Werk sowie alle darin enthaltenen einzelnen Beiträge und Abbildungen
sind urheberrechtlich geschützt. Jede Verwertung, die nicht ausdrücklich vom
Urheberrechtsschutz zugelassen ist, bedarf der vorherigen Zustimmung des Verla-
ges. Das gilt insbesondere für Vervielfältigungen, Bearbeitungen, Übersetzungen,
Mikroverfilmungen, Auswertungen durch Datenbanken und für die Einspeicherung
und Verarbeitung in elektronische Systeme. Alle Rechte, auch die des auszugsweisen
Nachdrucks, der fotomechanischen Wiedergabe (einschließlich Mikrokopie) sowie
der Auswertung durch Datenbanken oder ähnliche Einrichtungen, vorbehalten.

Impressum:

Copyright © 2004 GRIN Verlag GmbH
Druck und Bindung: Books on Demand GmbH, Norderstedt Germany
ISBN: 978-3-640-43022-2

Dieses Buch bei GRIN:

http://www.grin.com/de/e-book/89916/informationsaustausch-auf-der-basis-von-
xml

GRIN - Your knowledge has value

Der GRIN Verlag publiziert seit 1998 wissenschaftliche Arbeiten von Studenten, Hochschullehrern und anderen Akademikern als eBook und gedrucktes Buch. Die Verlagswebsite www.grin.com ist die ideale Plattform zur Veröffentlichung von Hausarbeiten, Abschlussarbeiten, wissenschaftlichen Aufsätzen, Dissertationen und Fachbüchern.

Besuchen Sie uns im Internet:

http://www.grin.com/

http://www.facebook.com/grincom

http://www.twitter.com/grin_com

Fachhochschule Pforzheim
Hochschule für Gestaltung, Technik
und Wirtschaft

Groupware

WS 2003 / 2004

Informationsaustausch auf der Basis von XML

Welche Arten von Standards sind erforderlich?

Kiryo Abraham

Inhaltsverzeichnis

Abkürzungsverzeichnis

ANX	Automotive Network eXchange
B2B	Business-to-Business
BFC	BizTalk Framework Compliant
BIPS	Bank Internet Payment System
CISTERN	Clinical Infosystems Interoperability Network
CML	Chemical Markup Language
cXML	Commerce XML
DTD	Document Type Definition
ebXML	Electronic Business XML
ECMData	Electronic Component Manufacturer Data Sheet
EDI	Electronic Data Interchange
EDIFACT	EDI for Administration, Commerce and Transport
HRML	Human Resource Markup Language
HTML	HyperText Markup Language
HTTP	HyperText Transfer Protocol
LEDES	Legal Electronic Data Exchange Standard
MathML	Mathematical Markup Language
MTML	Marine Trading Markup Language
OFX	Open Financial Exchange
PDML	Product Data Markup Language
PLC	Product Life Cycle
RFI	Request For Information
RNIF	RosettaNet Implementation Framework
RPC	Remote Procedure Call
SGML	Standard Generalized Markup Language
SIF	Schools Interoperability Framework
SML	Spacecraft Markup Language
SOAP	Simple Object Access Protocol
TCP/IP	Transmission Control Protocol / Internet Protocol
TIM	Telecommunication Interchange Markup
W3C	World Wide Web Consortium
xCBL	Common Business Library (auf XML basiert)
XML	extensible Markup Language

XPP	XML for Press and Printers
XSL	extensible Style Sheet Language

1. Einleitung

In einer vollkommenen Gesellschaft wünscht man sich, dass jeder dieselbe Sprache spricht, sich jedermann den selben Grundsätzen und Gesetzen unterordnet und für jede Funktion nur eine Organisation verantwortlich ist. Allerdings ist unsere unterschiedliche, sich dauernd verändernde Realität aufstrebender Ideen, Sprachen und Unternehmensanforderungen vielfältiger. Evolution ohne Veränderungen ist ebenso wenig möglich wie Veränderungen ohne Unterschiede. Gerade die auffallende Vielfalt von Fähigkeiten und Ansichten, die alle in einem verbundenen globalen System zusammenkommen, machen die Kulturen unserer Gesellschaft und auch unsere Weltwirtschaft so stark. Daher ist die Schaffung bzw. Findung einer gemeinsamen Basis die Grundlage für den Welthandel sowie auch für die Weltkultur. Diese Sachlage ist ebenso im B2B-Bereich vorhanden. Zwischen Unternehmen und selbst innerhalb der Unternehmen müssen durch Automatisierung die Abläufe verbessert werden. Dieses wird jedoch durch die unzureichende Integration von Standards im B2B-Bereich gehemmt.

Hoffnungen und Erwartungen werden in XML gesteckt, das als eine Plattform für B2B-Geschäfte fungieren soll. Für die Integration von Systemen verschiedener Hersteller ist, mit wenigen Ausnahmen, immer die Umwandlung eines internen Formats in ein anderes nötig. Grundsätzlich ist die Umwandlung unkomplizierter, wenn beide Systeme eine XML-Schnittstelle aufweisen.

Der vorliegende Exkurs verfolgt das Ziel, einen allgemeinen Überblick über die XML-basierten Standardisierungsvorhaben zu verschaffen. Zuerst wird die Metasprache XML vorgestellt. Danach wird ein Modell präsentiert, in welches sich die aktuellen Standardisierungsvorhaben eingliedern lassen. Hierauf folgt die Vorstellung aktueller Standards und die Einordnung in das Model. Dabei handelt es sich um eine Auswahl von Standards, welche bezüglich ihrer Aktualität und Popularität ausgesucht wurden. Abschließend wird ein Ausblick auf die Entwicklung der Standardisierungsvorhaben und die zukünftige Thematik von XML gegeben.

2. Allgemeines über XML

Die Extensible Markup Language gehört in die Familie der Auszeichnungssprachen (markup languages) und hat folgende zentrale Eigenschaften:

- **Erweiterbarkeit:** XML gestattet dem Benutzer eigene Tags oder Attribute zu definieren und anzuwenden, um seine Daten individuell zu strukturieren und mit Zusatzinformationen zu füllen.
- **Struktur:** XML ermöglicht die Darstellung beliebig tief verschachtelter Strukturen, wie man sie zur Repräsentation von komplexen Hierarchien aller Art benötigt.
- **Validierung:** XML gibt externen Anwendungen die Möglichkeit, die strukturelle Gültigkeit der zu verarbeitenden Daten zu überprüfen.

XML ist eine Metasprache, mit der man eine Klasse anderer Sprachen beschreiben kann. Des weiteren besteht die Möglichkeit durch XML ein komplettes Dokument exakt darzustellen, und zwar so, dass ein Computer es „verstehen" kann. D.h. Im Gegensatz zu HTML-Dokumente, die nur zum Darstellen der Daten im Browser angedacht sind, können geeignete Anwendungen den Content von XML-Dokumenten interpretieren.

Vergleich HTML - XML

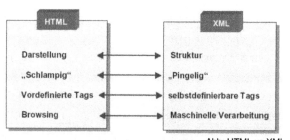

Abb: HTML vs XML

Quelle: Hranitzky, 2000

Wo es dem Menschen keine Schwierigkeiten bereitet die Bedeutung verschiedener Layouts, beispielsweise von einer Faktura, abzuleiten, benötigt der Computer eine

---

[1] Vgl. Hranitzky, 2000, S.18

Hilfestellung. Beschreibende XML-Tags haben für Computer wesentlich mehr Bedeutung als die nichts sagenden Layout-Tags, die HTML momentan anbietet. Die Struktur eines XML-Dokuments wird ebenso beschrieben, wie das Schema einer Datenbanktabelle beschrieben wird. Das XML-Dokument wird entweder intern oder durch DTD bzw. Schema beschrieben, was das Problem der Bedeutung bestimmter Inhalte aber noch nicht ausreichend löst, da es dafür beispielsweise RDF (Resource Description Framework), Namespaces usw. gibt. Die Darstellung von Dokumenten kann durch XML je nach ihrer bezweckten Anwendung umgeformt werden. So wird man nicht zu der Entscheidung gezwungen, ob ein Datensatz effektiver als Liste oder als Tabelle abgebildet werden soll. Man kann ihn für verschiedene Zwecke auch auf verschiedene Weise anzeigen. Eine einzige XML-Quelle unterstützt eine Vielzahl an Verwendungen.[2]

XML ist völlig plattformunabhängig, was kaum ein anderer Mechanismus zur Datenübermittlung oder verteilten Datenverarbeitung von sich behaupten kann. Man kann sich weiterhin die Rohdaten anschauen und sie vollständig verstehen. Weiterhin ist XML textorientiert.

Beispiel:

1.	`<?xml version="1.0"?>`
2.	`<DOKUMENT>`
3.	`    <AUTOR>`
4.	`        <VORNAME>Kiryo</VORNAME>`
5.	`        <NACHNAME>Abraham</NACHNAME>`
6.	`    </AUTOR>`
7.	`</DOKUMENT>`

1. Diese Zeile markiert das Dokument als XML Dokument (Prolog).

2. Das Element DOKUMENT ist das Hauptelement und umschließt alle weiteren Unterelemente.

3. Die bisherige Angabe des Autors wird weiter untergliedert. Die nachfolgenden Elemente sollen die Eigenschaft des Autors näher erläutern.

---

[2] Vgl. Seeboerger-Weichselbaum, 2001, Seite 19-25

4. Der Vorname des Autors wird als Unterelement des Elements AUTOR definiert.

5. Der Nachname des Autors wird angegeben.

6. Die Eigenschaften des Autors sind abgeschlossen und werden mit dem Element </AUTOR> beendet.

7. Das Hauptelement mit der Bezeichnung <DOKUMENT> wird geschlossen.[3]

---

[3] Vgl. Noack, 2001, S. 24-31

3. Einführung in die Thematik der Standards

3.1. XML ein Standard für jede Angelegenheit?

Der so genannte „XML-Standard" besteht bei genauerer Untersuchung aus mehreren Einzelstandards, zu denen ständig neue dazukommen. Darum wird heutzutage nur noch von der XML-Standardfamilie gesprochen.

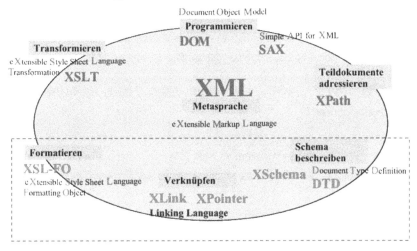

Abb.: XML-Standardfamilie[4]

Quelle: Hranitzky, 2000

Die Realisierung von Anwendungen ist schwierig genug. Die Realisierung kann weiterhin durch die Berücksichtigung der unzähligen Anwendersysteme von unterschiedlichen Herstellern erschwert werden. Daher ist eine Alternative schon eine zu viel. Hersteller, die sich nicht an den Standards orientieren und von Ihnen abweichen, tragen das Risiko, am Ende nicht mehr zeitgemäß zu sein. Als Grundbaustein für die anderen Standards der Familie nimmt XML eine besondere Stellung ein.

---

[4] Vgl. Hranitzky, 2000, S.26

9

3.2. Definition von Standards

Standards beinhalten technische Spezifikationen oder genaue Merkmale, die als dokumentierte Vereinbarungen festgehalten werden. Sie dienen als Richtlinien, Anweisungen oder als Definitionen von Eigenschaften und sollen gewährleisten, dass Materialien, Erzeugnisse, Prozesse und Dienstleistungen ihren Zweck verfolgen oder erfüllen. Weiterhin sollen Standards dazu beitragen, dass das Leben der Menschen einfacher wird.

In vielen Technologien der vielfältigsten Industrie- und Dienstleistungssektoren wie Informationsbearbeitung, Nachrichtentechniken, Textilfabriken, Verpackung, Logistik, Energieherstellung oder Finanzdienstleistungen sind bereits internationale Standards stark etabliert. Die Standardisierung ist erst am Beginn der Globalisierung und es werden in allen Sektoren der Industrie viele weitere Standards folgen.

3.3. Bedeutung von Standards für den elektronischen Geschäftsverkehr

Standards beziehen sich auf technische Gegenstände, die Teile eines Austauschprozesses sind. Sie haben vor allem im alltäglichen unternehmerischen Handel eine große Bedeutung bekommen, da dadurch Transaktionskosten gesenkt werden können.

Die Standardmethode zur Verbindung zweier Systeme ist das Entwickeln eines Programms, das die Daten eines Systems in das individuelle Format des anderen Systems übersetzt. Für zwei oder auch drei Systeme ist diese Methode noch umsetzbar. Werden jedoch mehrere Systeme mit ihren vielfachen Übersetzungswegen zusammengeschlossen, wie es die Abbildung 1.1 zeigt, ist diese Methode kaum realisierbar.[5]

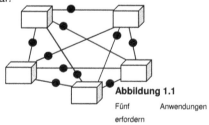

Abbildung 1.1

Fünf   Anwendungen

erfordern

---

[5] Vgl. Phillips, 2002, Seite 604-605

Die Menge der erforderlichen Übersetzungsprogramme nimmt mit ansteigender Menge an Verbindungen zu. In der Abbildung werden die Übersetzungsprogramme als schwarze Punkte dargestellt. Die Abbildung weist auf, dass bei zwei Anwendungen eine Schnittstelle erforderlich ist, bei drei Anwendungen drei Schnittstellen, bei vier Anwendungen sechs und bei fünf zehn Schnittstellen erforderlich sind.

Heutzutage wird es als unprofessionell empfunden, wenn Systeme empfohlen oder entwickelt werden, die zu verschiedenen Systemen hin individuelle Schnittstellen erfordern, da diese Systeme kostenintensiver sind, als Systeme, die eine Schnittstelle zu einem generellen Backbone-Standard gestatten.
Die Situation vereinfacht sich, wenn alle Systeme ein gemeinsames Format einsetzen. XML formuliert solche Formate, indem es die Regeln liefert. Das hat zur Folge, dass anstelle von je einem Schnittstellenprogramm pro Anwendung nur noch eines insgesamt notwendig ist, das in den kollektiven Backbone übersetzt. Das Problem ist banal, wenn der Hersteller so eine Schnittstelle gleich mit seinem Produkt zur Verfügung stellt. Die Architektur eines solchen Backbone-Systems wird in der Abbildung 1.2 aufgezeigt.

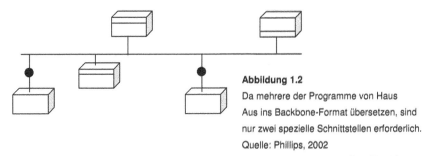

Abbildung 1.2
Da mehrere der Programme von Haus
Aus ins Backbone-Format übersetzen, sind
nur zwei spezielle Schnittstellen erforderlich.
Quelle: Phillips, 2002

Zu beachten ist, dass einige der Anwendungen von Haus aus in den Backbone (durch eine dünne Linie im Anwendungsrechteck gekennzeichnet) übersetzen und andere über ein spezielles Schnittstellenprogramm benötigen (das durch einen schwarzen Punkt dargestellt ist). Den idealen Backbone für webfähige Anwendungen gibt es nicht, dennoch liefern XML und XML-basierte Sprachen zumindest die Grundregeln für die Formulierung bestimmter Standards, die solch einen Backbone bilden könnten. In dem in Abbildung 1.2 dargestellten Diagramm werden XML-kompatible Anwendungen durch ein Anwendungsrechteck mit einer individuellen

Schnittstelle verkörpert, sodass nur noch die Anwendungen ohne XML-Schnittstelle eine spezifische Schnittstelle erfordern.[6]

Seit einigen Jahrzehnten hat sich der standardisierte Austausch EDI (Electronic Data Interchange) mit seinem Standard EDIFACT (Electronic Data Interchange For Administration Commerce and Transport), als Standard für den elektronischen Geschäftsverkehr etabliert. EDI behandelt den automatischen Austausch von strukturierten Daten zwischen EDV-Applikationen von Geschäftspartnern. EDI bedeutet zum einen die Konzentration auf hohe Datenvolumina, die ständig zwischen beteiligten Partnern ausgetauscht werden, zum Beispiel als Bestellungen oder Rechnungen. Zum anderen ist die präzise Struktur des Datenaustauschs bezeichnend für EDI, technisch und vertraglich, die ihre Kodifizierung im Interchange Agreement findet.[7]

Seit der Veröffentlichung von XML durch das W3C ist es realisierbar, diese strukturierten Geschäftsdaten über das Internet zu verschicken. Organisationen und Unternehmen sind an der Entwicklung von spezifischen Dokumenten interessiert. Diese Dokumente werden durch XML zu einem Standard des elektronischen Geschäftsverkehrs eingesetzt.[8]

3.4. Standards im Geschäftsmodell des Informationszeitalters

Das aktuelle Geschäftsmodell des Informationszeitalters ist produktorientiert und muss daher den kompletten kundenspezifischen Geschäftsverlauf abdecken. Folglich müssen Geschäftsnetzwerke entwickelt werden, die so effizient zusammenarbeiten, wie die Prozesse innerhalb eines einzelnen Unternehmens. Jedoch ist eine Voraussetzung für das Gelingen eines solchen Geschäftsnetzwerkes eine gemeinsame Informationsinfrastruktur.

In der Business Collaboration Infrastructure werden für eine erfolgreiche Kooperation Standards definiert, die für alle Teilnehmer bindend sind. Die untere Tabelle zeigt die Komponenten einer solchen Infrastruktur, sowie die Bedeutung und die dafür eingesetzten Standards auf.

---

[6] Vgl. Phillips, 2002, Seite 605ff

[7] Vgl. http://www.net-lexikon.de/EDIFACT.html

[8] Vgl. Phillips, 2002, Seite 605ff

Komponente	Beschreibung	Beispiele für eingesetzte Standards
Management -ebene	Vertragliche Bedingungen für die Zusammenarbeit der Teilnehmer werden geregelt. Es wird die Vorgehensweise bzw. das Konzept festgelegt wie man beispielsweise Geschäftspartner findet.	Bolero CPA bei ebXML
Prozesse	Beteiligte Unternehmen einigen sich auf einen gemeinsamen Prozess. Es wird die Bestellabwicklung definiert.	ebXML RosettaNet, CPFR
Datenstruktur	Die Datenstruktur muss klar definiert und dokumentiert werden, damit sie auch austauschfähig ist. Voraussetzung hierfür ist die Übersetzung von Daten eines Formates in ein anderes.	Alle XML-basierte Standard. cXML, xCBL
Informations-technik	XML-Dokumentenaustausch ist die Basis für die oben genannten Standards.	XML
	Ist die technische Plattform für die Standards.	HTTP, SOAP

Standards sind im Informationszeitalter zwingend nötig, da multinationale Netzwerke benutzt werden. Die notwendigen Standards definieren einheitliche „Spielregeln" und beseitigen ungleiche nationale Regeln, welche als wettbewerbsverzerrend gelten.[9]

4. Strukturierung von XML Standards

In diesem Abschnitt werden die verschiedensten B2B-Standards in der jeweiligen Betrachtungsebene der Anwendungsintegration (Management, Prozesse, Datenstruktur und Informationstechnik) dargestellt.

---

[9] Vgl. Storz

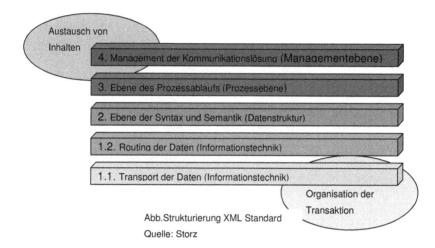

Austausch von Inhalten

4. Management der Kommunikationslösung (Managementebene)

3. Ebene des Prozessablaufs (Prozessebene)

2. Ebene der Syntax und Semantik (Datenstruktur)

1.2. Routing der Daten (Informationstechnik)

1.1. Transport der Daten (Informationstechnik)

Organisation der Transaktion

Abb.Strukturierung XML Standard
Quelle: Storz

Die begrenzte Darstellung der Standards kann die große Vielfalt von Standards nicht repräsentieren und somit sind die Standards nur als ein kleiner Ausschnitt zu betrachten.[10]

4.1. Die Informationstechnik (erste Betrachtungsebene)

Die erste und unterste Betrachtungsebene, die Informationstechnik, ist für den Transport sowie für den Nachrichtenaustausch zuständig. Diese Betrachtungsebene ist die Basis für die anderen Betrachtungsebenen und soll vor allem die Inkompatibilität der technischen Systemplattformen überwinden. Dazu tragen Protokolle wie HTTP, SMTP, SOAP sowie andere Spezifikationen für das Messaging bei.

SOAP – Simple Object Access Protocoll

Das **Simple Object Access Protocoll (SOAP)** stellt einen simplen und klaren Mechanismus zum Austausch von strukturierter und getypter Information zwischen Rechnern in einer verteilten Umgebung zur Verfügung. SOAP kann aber nicht nur Dokumente zwischen Rechnern austauschen. Sie unterstützt auch den Austausch spezieller Nachrichten, die auf einem entfernten Rechner einen Prozess auslösen. SOAP ist ein XML-Mechanismus für die Kommunikation zwischen Prozessen und **Remote Procedure Call (RPC)**.

---

[10] Vgl. Sternemann

Die wesentliche Idee von RPC ist, dass ein Programm auf einem Computer ein Prozessaufruf bei einer Anwendung auf einem anderen Computer erzeugen kann. SOAP ist besonders effektiv darin, durch Firewalls durchgelassen zu werden. Firewalls verhindern, dass viele RPC-Protokolle und Protokolle für die Interprozesskommunikation ihr Ziel erreichen, da sie auf http aufgesetzt sind. SOAP schlüpft einfach durch jede Firewall durch, die Webbrowsererzeugung gestattet.

SOAP ist derzeitig der einzige wirkliche Kandidat für ein XML-basiertes Objektanforderungs-Broker-System. Verwenden zwei Partner SOAP für den zwischenbetrieblichen Datenaustausch, müssen ihre internen Systeme nicht miteinander kompatibel sein. Beide Partner müssen lediglich in der Lage sein, Datenpakete über das Internet zu erhalten und zu versenden, Zugriff auf einen XML-Parser haben und fähig sein, Informationen von XML in interne Applikationen zu übersetzen und umgekehrt.

Die Nachrichtenübertragung durch SOAP ist im Grunde genommen Übertragungen vom Sender zum Empfänger, die gemeinsam verknüpft werden können, um Frage-Antwort-Situationen darzustellen. Um das zur Verfügung stehende Netzwerk optimal auszunutzen, kann die SOAP-Implementation auf die Eigenschaften des Netzwerkes abgestimmt werden. So kann zum Beispiel eine Antwort auf eine SOAP-Nachricht als HTTP-Protokoll eine Antwort auf eine SOAP-Nachricht als HTTP-Response geschickt werden, und somit die gleiche Verbindung wie die anfängliche SOAP-Nachricht benutzen.[11]

Beispiel Messaging und Struktur einer SOAP-Message:

Request
```
<SOAP-ENV: Envelope xmlns: SOAP-ENV="http://schemas.xmlsoap.org/soap/envelope/"
        SOAP-ENV:encodingStyle="http://schemas.xmlsoap.org/soap/encoding/">
    <SOAP-ENV:Body>
        <m:GetLastTradePrice xmlns:m="Some-Uri">
            <symbol>DIS</symbol>
        </m:GetLastTradePrice>
    </SOAP-ENV:Body>
<SOAP-ENV:Envelope>
```
Response
```
<SOAP-ENV:Envelope xmlns:SOAP-ENV="http://schemas.xmlsoap.org/soap/envelope/"/>
```

---

[11] Vgl. Hayn, 2002 Seite 1-18

15

```
<SOAP-ENV:Body>
    <m:GetLastTradePriceResponse xmlns:m="Some-URI">
        <Price>34.5</Price>
    </m:GetLastTradePriceResponse>
</SOAP-ENV:Body>
<SOAP-ENV:Envelope>
```

SOAP Envelope

SOAP Header

Kontroll-Daten und Direktiven, z.B. bzgl. Transaktionssemantik, Sicherheit, Zuverlässigkeit,

SOAP Body Element

Body Entry

Parameter der Request- / Reply-Nachricht

Body Entry

Abb. SOAP-Message

Quelle: Volz, 2002

⋮

Body Entry

---

[12] Vgl. Volz, 2002 Seite 8-9

XMLTP – XML Transfer Protocoll

Interessanterweise hat XML das Potenzial, selbst als Objekt-Broker zu agieren. Objekte weisen vordefinierte Schnittstellen auf, welche den Zugang zu ihnen ermöglichen. So kann jede beliebige Schnittstelle definiert werden. Obwohl es scheinbar einen Unterschied beim Austausch zwischen XML-Dokumenten und Nachrichten gibt, beweist die Erfahrung das Gegenteil. Alles kann als Datei präsentiert werden. Faktisch besitzt XML als Kommunikationsmedium zwischen Prozessen gewichtige Vorteile, da es auf eine DTD verweist und ohne frühere Versionen zu verletzen weiterentwickelt werden kann. Zusätzliche Funktionalitäten lassen sich in das Dokument integrieren. Dies geschieht dadurch, dass neue Elemente in die DTD eingebunden werden oder indem man in das vorhandene Dokument andere XML-Dokumente mit einer eigenen DTD einbindet.[13]

Da jedes Dokument analysiert wird, spielt es keine Rolle, welche Informationen hinzugefügt werden, solange die Informationen, nach denen das Zielobjekt sucht, weiterhin verfügbar bleiben. Wann immer eine Anwendung durch neue Funktionalitäten erweitert wird, müssen sehr wahrscheinlich die Anwendung und alle von ihr verwendeten Objekte neu kompiliert und ersetzt werden. Im Internet ist die Chance, alles gleichzeitig aktualisieren zu können, gering. In Abbildung 2.1 wird der Unterschied zwischen Nachrichten, die zwischen eng verbundenen Objektmechanismen wie COM ausgetauscht werden und locker verbundenen Mechanismen, die durch XML-basierte Protokolle wie XMLTP möglich gemacht werden, dargestellt.

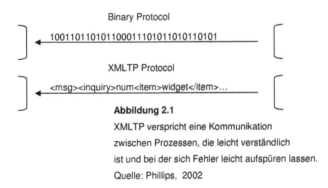

Binary Protocol

100110110101100011101011010110101

XMLTP Protocol

<msg><inquiry>num<item>widget</item>...

Abbildung 2.1

XMLTP verspricht eine Kommunikation
zwischen Prozessen, die leicht verständlich
ist und bei der sich Fehler leicht aufspüren lassen.
Quelle: Phillips, 2002

---

[13] Vgl. Phillips, 2002, Seite 581-583

Da XMLTP auf XML basiert, kann jeder XML-Validierungs-Parser dazu verwendet werden, dass Nachrichten der DTD entsprechen. Die Fehlersuche wird dadurch vereinfacht, da viel weniger Tools erstellt werden müssen, um die Anwendung als Ganzes zu testen.

Transaktionen lassen sich in XML durch einfache Verschachtelungen darstellen, die optional mit externen Dokumentquellen verbunden werden können. Der XML-Standard verhindert, dass Dokumente gelesen werden bevor das Dokument selbst vollständig ist. Das heißt, Aktualisierungen können anhand von XML erzwungen und automatisch zurückgesetzt werden. XMLTP ist nur eine der vielen Bestrebungen, XML über http und Objekt-Broker-Funktionalitäten zu integrieren.[14]

4.2. Die Datenstruktur (zweite Betrachtungsebene)

Um die Elemente der zweiten Betrachtungsebenen, die Ebene der Datenstruktur, klarer zu erläutern, wird zuerst auf die drei Ebenen der Semiotik (*griechisch sema*: *Zeichen*) eingegangen. Der Begriff der Semiotik charakterisiert die Lehre von Symbolen und Zeichen und kann wie in der unteren Abbildung in die drei Ebenen **Syntax**, **Semantik** und **Pragmatik** aufgegliedert werden.

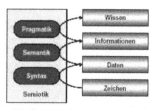

Abb. Datenstruktur
Quelle: Phillips, 2002

In Computersystemen findet man generell keine Unterschiede bei der Darstellung von Daten, Informationen und Wissen. Es werden immer Zeichen verarbeitet und gespeichert. Nachdem die Zeichen durch die Syntax, Semantik und Pragmatik in Bezug gesetzt werden, erhält man eine klare Unterscheidung.

---

[14] Vgl. Phillips, 2002, Seite 581-583

Beispiel:

Die Zahl 100 ist ein abstraktes Datum und besitzt eine Syntax, die besagt, dass Zahlen nur Ziffern, ein Komma und ein Vorzeichen aufweisen dürfen. Erst durch das Ergänzen der Semantik erhalten die Daten eine Bedeutung und die Beziehung zur Realität wird erzeugt. Wird dem Datum 100 eine Geschwindigkeitseinheit angefügt, kann die Information 100 km/h korrekt gedeutet werden. Die Information alleine genügt jedoch noch nicht, um eine Handlung auszulösen. Erst durch die Pragmatik entsteht Wissen, welches für Entscheidungen benötigt wird. Im Beispiel würde das Erkennen der Information 100 km/h eines Autofahrers auf dem Tachometer seines Autos und die Signalisierung eines Geschwindigkeitslimits den Fahrer zu der Entscheidung bringen, die Geschwindigkeit zu reduzieren.

XML wird seit seiner Veröffentlichung oft als Syntax für den zwischenbetrieblichen Datenaustausch gebraucht. Obwohl XML prinzipiell nicht für semantische Bestimmungen entwickelt worden ist, hat XML auf der Ebene der Semantik durch XML-Schemata und DTDs bei den verschiedensten Standardisierungsvorhaben eine führende Stellung gewonnen. Auf der Ebene der Semantik im Ebenenmodell der Semiotik befinden sich die XML-Sprachen. Da diese Sprachen den semantischen Inhalt eines Dokuments definieren, handelt es sich um Daten- oder Dokumentenstandards. Als Beispiele sind CPExchange, xCBL oder cXML zu erwähnen.

Die zweite Dimension, die Datenstruktur, ist für die Übersetzung eines Formates in das andere zuständig. Sie wird auch die Ebene der Syntax und Semantik genannt, da hier die Transformation festgelegt wird und die Katalogstandards ihren Platz haben.
Verschiedene Katalogstandards wie beispielsweise cXML und xCBL sind weit verbreitet.

cXML - Commerce eXtensible Markup Language

Seit 1999 kommt der XML-Standard **commerce eXtensible Markup Language (cXML)** vor allem dort zur Anwendung, wo man sich vom klassischen Geschäftsverkehr mit all seinen Papierdokumenten lösen möchte. Die Transaktionen von einfachen Textdateien mit klar definierten Formaten und Inhalten werden über cXML-Dokumente ausgeführt. Hierbei werden die drei Haupttypen von cXML-Dokumenten, Kataloge, Panchoutsitzungen und Bestellaufträge unterschieden.

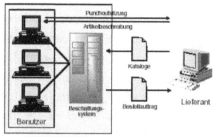

Interaktivität mit cXML[15]

Quelle: Ariba

Kataloge sind Dateien, die Produkt- und Dienstleistungsinhalte an Käuferunternehmen herantragen. So werden die vom Lieferanten erstellten Kataloge vom Käufer gelesen und deren Inhalt gespeichert. Kataloge lassen sich prinzipiell für alle Produkte und Dienstleistungen anfertigen und können durch optionale Informationen ergänzt werden. Punchouts hingegen sind dynamische, interaktive Kataloge, die sich auf der Webseite des Lieferanten befinden. Die Bestellaufträge können sowohl nach einer Auftragserfassung in einem statischen Katalog als auch nach einer Punchoutsitzung erzeugt werden.

Der cXML-Standard ist noch unvollständig, da beispielsweise Spezifikationen zu besonderen Lieferbedingungen, wie etwa die Vereinbarung einer Gebühr bei der Rückgabe eines erworbenen Gutes innerhalb eines bestimmten Zeitraums, fehlen.[16]

xCBL - Common Business Library

1997 wurde die XML-basierte **Common Business Library (xCBL)** entwickelt und wird mit dem Standardisierungsvorhaben cXML verglichen. Jedoch ist die Entwicklung von xCBL fortgeschrittener. Sie wird nicht nur auf öffentlichen e-Marktplätzen eingesetzt, sondern auch in privaten e-Marktplätzen.

Das xCBL Vocabulary macht es für jeden Anwender möglich, selbst eine Anzahl von XML-Dokumenten zu verfassen und somit an ein spezielles Bedürfnis anzupassen.

---

[15] Vgl. Ariba 2000 S.2 ff

[16] Vgl. Ariba 2000, Seite 15 ff

Die nachfolgende Abbildung zeigt einen allgemeinen Überblick über die verschiedenen Kategorien, bei denen xCBL-Dokumente zur Anwendung kommen.

Abb. xCBL-Dokumente
Quelle: Fitzgerald, 2001

Der Standard xCBL ist stark fortgeschritten, dokumentiert fast sechshundert Elemente in der xCBL-Bibliothek und weist eine führende Position in der Entwicklung von Infrastrukturen für private e-Marktplätze auf.[17]

4.3. Die Prozessebene (dritte Betrachtungsebene)

Die dritte Dimension, die Prozessebene, ist für das Kontaktieren der Partner bzw. für den Prozessablauf zuständig. Sie wird auch die Ebene des Prozessablaufs genannt, da hier die Abwicklung definiert wird. Hier liegen vor allem die Stärken der **XML-Frameworks**. Bei den XML-Frameworks werden nicht nur, wie bei den XML-Sprachen, die Nachrichtenformate für geschäftliche Anwendungen determiniert, sondern es werden weiterhin die notwendigen Abläufe und Regeln definiert. XML-Frameworks bestimmen somit Prozessstandards, die nicht mehr nur die Ebene der Semantik beeinflussen.

RosettaNet

1998 wurde das Konsortium RosettaNet in den USA gegründet. Bei der Mensch-zu-Mensch Kommunikation ist der Geschäftsverkehr sehr effizient, da die Geschäftspartner Prozesse auf der fundamentalsten Ebene durchführen. Töne werden von Menschen erzeugt und gehört. Sie nutzen ein kollektives Alphabet um hieraus Wörter zu generieren, sowie grammatische Grundsätze um die Wörter in einen Dialog zu platzieren. Weiterhin verwenden sie Dialoge, um Geschäftsprozesse

---

[17] Vg. Fitzgerald, 2001, S.187ff

zu formen, und führen Verhandlungen mit Hilfe eines Werkzeugs, wie zum Beispiel dem Telefon.

Im Informationsverkehr ist das ähnlich. Anstatt Geräusche der Menschen werden hier allerdings Informationen von Servern über das Internet ausgetauscht. Die Aufgabe des Alphabets übernimmt XML und die Übermittlung von eBusiness-Prozessen wird durch EC-Applikationen geregelt. Dazwischen existiert aber noch ein Mangel an Abmachungen, welche die Wörter, die Grammatik und den Dialog regeln, um somit den eBusiness-Prozess zu unterstützen. Hier wird RosettaNet eingesetzt.[18]

Mit **RosettaNet Business Dictionary** und **RosettaNet Technical Dictionary** stellt RosettaNet zwei Dictionaries zur Verfügung. Beide Dictionaries dienen als generelle Plattform für Definitionen von Transaktionen zwischen Handelspartnern, sowie für Produkte und Services. Das **RosettaNet Implementation Framework (RNIF)** stellt Protokolle für eine schnelle und effiziente Implementierung von RosettaNet Standards zur Verfügung. Dadurch werden die Informationen über den Datenaustausch detailliert, wie zum Beispiel das Routing, die Paketgröße oder die Sicherheitsvorkehrungen. Die **Partner Interface Processes (PIPs)** sind der Kern dieses Entwurfs. Diese sogenannten PIPs sind XML-basierte Dialoge für die Anwendung-zu-Anwendung Kommunikation, welche die Geschäftsprozesse zwischen Handelspartnern definiert.

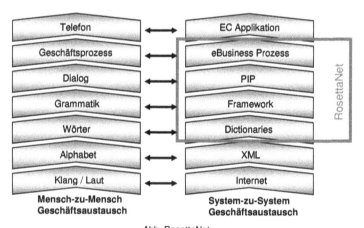

Abb. RosettaNet
Quelle: RosettaNet 2001a

---

[18] Vgl. RosettaNet 2001a, Seite 6ff

Die wesentlichen Aspekte für die Einführung einer Business Collaboration Infrastructure werden durch RosettaNet gedeckt, da Empfehlungen abgegeben werden, wie man beispielsweise bei der Analyse und der Reorganisation der betroffenen Geschäftsprozesse vorzugehen hat. So können nicht nur verschiedene Anwendungen, Systeme und Plattformen schnell in die Firmenarchitektur eingebunden werden, sondern auch interne wie externe Geschäftsabläufe und Transaktionen ohne Aufwand mechanisiert werden. Einerseits befindet sich RosettaNet noch in den Kinderschuhen, aber auf der anderen Seite gibt es keine andere Lösung von vergleichbaren Supply Chain Standards.[19]

4.4. Die Managementebene (vierte Betrachtungsebene)

Die vierte Dimension, die Managementebene, ist für die Regelung der vertraglichen Bedingungen zuständig. Sie wird auch die Managementebene der Kommunikations-lösung genannt, da hier das Konzept festgelegt wird. Diese Ebene richtet sich auf den Lebenszyklus dieser Lösung, wobei das Aushandeln von Kommunikations-modalitäten ein Aspekt ist. Dazu gehört auch Arbeit mit Directories und Repositories z.B. ebXML usw. Ebenso gehören auch Lösungen zur Überwachung der Kommunikationsausführung und eventuell deren in Rechnungsstellung dazu. Bei den **Repositories** handelt es sich um einen standardisierten Zugriff auf vorher definierte XML-Dokumente. Die XML-Repositories stellen die für verschiedene Anwendungszwecke gesammelten XML-Dokumente in Form von Spezifikationen der DTDs oder Style Sheets zur Weiterverwendung bereit. Es wird hier nur die Chance geschaffen XML-Dokumente für einen breiten Einsatz zur Verfügung zu stellen. Als Beispiele sind XML.org oder BizTalk von Microsoft zu erwähnen.

ebXML - Electronic Business XML

Im November 1999 wurde durch die beiden Organisationen UN/CEFACT und OASIS der Standard **ebXML** hervorgebracht.

Der erste Teil der zweiteiligen Architektur von ebXML stellt die Zeitspanne bis sich zwei Partner für eine Kollaboration gefunden haben dar. Der zweite Teil wiederum hat den Datenaustausch während der Beziehung als Aufgabe.

In einem Repository sind generell alle Geschäftsprozesse, -dokumente und Kontakt-informationen von Unternehmen die ebXML unterstützen gespeichert. Es wird

---

[19] Vgl. www.rosettanet.org

weiterhin bestimmt, welche Prozesse mit welchen Protokollen zukünftig abgewickelt werden. Die Funktionsweise von ebXML wird durch das nachfolgende Szenario beschrieben.[20]

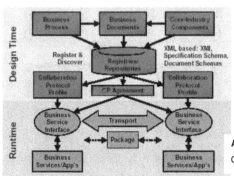

Abb. 5.1.1. Architektur von ebXML

Quelle: Manes, 2001

Beispiel:

Die Firma A ist ein Softwarehersteller. Sie hat kürzlich eine neue Lösung zur Datenkomprimierung von DVD-Filmen entwickelt und will diese auf dem Markt absetzen. Da Firma A ebXML verwendet, sucht sie nun einen Partner, der die Software auf dem Markt absetzt und auch ebXML unterstützt. Als erstes besucht die Firma A die Webseite „Registry and Repository" der ebXML-Community. Diese Webseite enthält Namen, Kontaktadressen und Informationen über die Geschäfts-prozesse, die mit ebXML unterstützt werden. Diese Institution ist mit UDDI vergleichbar, enthält allerdings nur Informationen über Unternehmen die ebXML verwenden. Firma A entdeckt nun die Unternehmung B, die sich mit dem Verkauf von Software beschäftigt. A sendet schließlich eine Anfrage an die Unternehmung B, ob ein Geschäftsinteresse an der neuen Softwarelösung vorhanden sei.

Um das Beispiel fortzusetzen, ist diese natürlich daran interessiert. In einem nächsten Schritt wird zwischen den beiden Unternehmen ein Collaborative Partner Agreement (CPA) unterzeichnet. Dieses ebXML-CPA-Dokument wurde von IBM übernommen. Es enthält beispielsweise Informationen über die Handelspartner und ihre Rollen, Transaktionsprotokolle oder auch die Dauer des Abkommens. Haben beide Unternehmen das CPA angenommen, kann nun mit den Geschäftstransaktionen, wie Bestellung, Lagerbestandabfrage oder Zahlung, begonnen werden.[21]

---

[20] Vlg. Manes 2001

[21] Vgl. Fitzgerald, 2001 S.167ff

Die Stärke von ebXML liegt vor allem darin, dass nicht nur eine Sprache, sondern auch ein Repository und ein Framework angeboten werden. Zudem können mit ebXML nicht nur die eigenen Dokumente ausgetauscht, sondern auch die parallel entwickelten XML-Standards in ebXML integriert werden.[22]

Microsoft BizTalk-Server

Der Microsoft BizTalk-Server dient als Mittler zwischen den verschiedensten Geschäftsanwendungen. Dieses kann auch über die Grenzen eines Unternehmens hinausgehen. Seine Aufgabe ist es hierbei, die Datenausgabe der einen Anwendung in die Dateneingabe der anderen umzusetzen. Ein klassischer Anwendungsfall ist hierfür die Transformation exportierter Daten eines Altsystems in das Format der neu angeschafften Anwendung. Dabei liegt der Focus nicht nur auf der reinen Transformation der Daten, sondern auch auf einer regelbasierten Änderung. Eingehenden Daten wird auf Grund von „Inbound-Rules" ein bestimmter Änderungsweg vorgegeben. Hierbei werden nicht nur die zuvor bestimmten „Mappings" von Elementen des Quelldokuments auf ein entsprechendes Element des Zieldokuments aufgelöst, sondern auch definierte Änderungen der Daten vorgenommen. So können beispielsweise die Werte von zwei Elementen des Quelldokuments addiert und dann in das Zieldokument übertragen werden.

Genauso wie für eingehende Daten ein Regelwerk hinterlegt wird, ist dies natürlich auch für ausgehende Daten möglich. Über diese „Outbound-Rules" ist es möglich, das Logging von ausgehenden Daten zu bewerkstelligen oder einen parallel laufenden Arbeitsprozess anzustoßen.[23]

Bei RosettaNet und ebXML handelt es sich um Frameworks. Beide bieten ein Repository an. Weiterhin besitzen beide eine Sprache, die allerdings nicht das bedeutsamste Element in ihrem Framework ist. Beide Standards lassen außerdem eine Anbindung an UDDI zu, obwohl ebXML über eine eigene Registry verfügt. BizTalk von Microsoft besitzt ebenso ein Framework und ein Repository. Weiterhin verwendet BizTalk die Sprache von SOAP da, BizTalk keine eigene Sprache besitzt. Bei der Entwicklung von cXML und xCBL steht dagegen die Sprache im Mittelpunkt. Zukünftig werden auch diese beiden Standards ihre Frameworks spezifizieren. Mit

---

[22] Vgl. Fleischer / Eichwald, 2002, Seite 52ff

[23] Vgl. Huemer, 2000

über 600 definierten Elementen im Vocabulary kann man bei xCBL von einem Repository sprechen.

Durch das nachfolgende Metamodell wird aufgezeigt, wie die Elemente miteinander in Verbindung stehen.

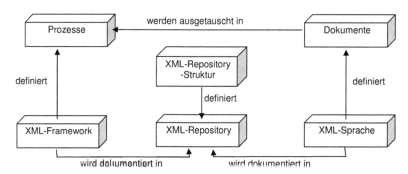

Abb.: Metamodell von XML-Sprache, -Repository
und –Framework
Quelle: Huemer, 2000

Die Einsatzgebiete von XML-Standards sind überall da, wo Daten zwischen verschiedenen Applikationen ausgetauscht werden. Bei internen Applikationen, die untereinander kommunizieren, bietet sich beispielsweise **SOAP** (erste Betrachtungsebene) an. Für den Transfer von Geschäftsdokumenten mit Partner werden aber Standards eingesetzt, die Prozesse vereinheitlichen.

Für den zwischenbetrieblichen Datenaustausch werden aus diesem Grund hauptsächlich die XML-Frameworks wie **ebXML**, **RosettaNet** oder **BizTalk** (alle Ebenen) angewendet. Es finden sich aber nicht nur Einsatzmöglichkeiten der XML-Standards bei den Prozessen, auch Industrien oder Objekte können unterstützt werden. Für verschiedene zukünftige Szenarien sind die ausgewählten Standards eine wichtige realistische Option.

5.   Standards in verschiedenen Sektoren

Zunehmend werden XML-Standards für einen gewissen Industrie- oder Dienstleistungssektor angefertigt. Diese XML-Standards unterstützen die typischen Geschäftsprozesse im jeweiligen Sektor.

Die nachfolgende Tabelle zeigt die verwendeten Sektoren, die aus dem Repository von xml.org stammen. Zusätzlich gibt es auch XML-Standards, die keine Fokussierung aufweisen.[24]

Industrie- oder Dienstleistungssektor	Spezifischer XML-Standard
Ausbildung / Schule	- Schools Interoperability Framework (**SIF**)
Autoindustrie	- Automotive Network eXchange (**ANX**)
Banken	- Bank Internet Payment System (**BIPS**)
Chemieindustrie	- Chemical Markup Language (**CML**)
Energieversorgung	- Petro XML
Gesetz	- Legal Electronic Data Exchange Standard (**LEDES**)
Gesundheitswesen	- Clinical Infosystems Interoperability Network (**CISTERN**)
Informationstechnologie	- Electronic Component Manufacturer Data Sheet (**ECMData**)
Medien	- XML for Press and Printers (**XPP**)
Raumfahrt	- Spacecraft Markup Language (**SML**)
Transport & Logistik	- Marine Trading Markup Language (**MTML**)
Telekommunikation	- Telecommunication Interchange Markup (**TIM**)
Versicherungen	- iLingo for Insurance
Wissenschaften	- Mathematical Markup Language (**MathML**)

6. Zusammenfassung

Seit der Veröffentlichung der Metasprache XML haben sich viele Softwareunternehmen in Konsortien zusammengeschlossen, um mit der Entwicklung neuer XML basierenden Standards zu beginnen. Viele dieser Standards werden derzeitig veröffentlicht, obwohl sie sich größtenteils noch in der Entstehung oder Weiterentwicklung befinden. Durch die große Datenflut ist es für einen Entscheidungsträger kaum mehr überblickbar, welcher Standard sein unternehmensspezifisches Problem am Besten abdeckt. Deshalb wurde ein Modell mit vier Dimensionen angefertigt, das einen Überblick über die verschiedenen Standardisierungsvorhaben verschafft. Um die Verschiedenheiten zwischen den Standards darzustellen, wurden einige Standards aufgezeigt und zur Verdeutlichung in das Standard-Modell eingegliedert.

Wohin sich die Evolution der Standards begibt ist noch unklar. Im nächsten Kapitel werden einige Szenarios, die in Zukunft eintreten können, dargelegt.

---

[24] Vgl xml.org

7. Ausblick

Es wird heutzutage versucht mittels XML zahlreiche Definitionen durchzusetzen. XML hat nicht nur Vorteile, sondern auch Nachteile. Diese werden nur selten erwähnt. So macht aus technischer Sicht der Einsatz von XML als einheitliches Datenaustauschformat nicht immer Sinn. Die Daten werden durch die Repetition von Tags relativ groß und als einziger String übermittelt. Dies kann zu gewaltigen Performanceeinbussen führen. Ein Vorteil anderseits ist eine vergleichsweise einfache Veränderbarkeit oder Lesbarkeit, wie zum Beispiel zur Überwachung.

Die Anerkennung in der Nutzung wird über die Weiterentwicklung der vorgestellten Standardisierungsvorhaben entscheiden. Wie die Verwendung von XML-Standards im Jahre 2006 aussehen kann, stellt die Gartner Group durch drei mögliche Szenarien vor.

Das erste Szenario geht davon aus, dass zwei unabhängige XML-Sprachen, welche xCBL und cXML sein werden, die Welt der XML-Sprachen beherrschen und auf Serverebene gegenseitig ausgetauscht werden können. Die in diesen Sprachen verfassten Dokumente werden in einem einzelnen webbasierten Repository vereinigt und über Metadaten klar definiert. Über die Registry von ebXML wird es den Unternehmen ermöglicht, die geeigneten Partner für einen bestimmten Service zu finden.

Das zweite Szenario geht davon aus, dass eine Unternehmung im Jahr 2006 mindestens 75 XML-Standards in ihre Business Collaboration Infrastructure aufnehmen muss. Außerdem sollen nicht weniger als zwölf Framework-Standards angenommen werden, um mit potentiellen Partnern über eine Registry zu kommunizieren. Ferner werden aus diesem Grund viele Unternehmen eigene Lösungen mit ihren engsten Handelspartnern entwickeln, welche dann nicht in der Registry abgelegt werden.

Das letzte Szenario geht davon aus, dass ebXML mit seinem ganzen Konstrukt zur grundlegenden Sprache für die Interoperabilität des EC wird. Unabhängige internationale Organisationen kontrollieren die Prozesse, welche durch ebXML abgedeckt werden. Durch die kontinuierliche Weiterentwicklung hat sich ebXML zu einer kompletten technischen Infrastruktur für das EC entwickelt. In welche Richtung wir uns bewegen werden, wird uns die Zukunft zeigen. Auf jeden Fall wird es notwendig werden, die verschiedenen Standards miteinander zu verbinden, damit die Übersichtlichkeit nicht endgültig verloren geht.

Anhang

Anlage 1: Einordnung der B2B – Standards ins Standard – Modell

		ebXML	RosettaNet	BizTalk	SOAP	BTP	xCBL	cXML	UDDI	DUNS	WSDL	eClass	BMEcat	CPExchange
Art	Sprache	☑	☑	-	☑	☑	☑	☑	☑	☑	☑	☑	☑	☑
	Repository	☑	☑	☑	-	☑	☑	-	-	-	-	-	-	-
	Framework	☑	☑	☑	-	☑	-	-	-	-	-	-	-	-
Industriefokus	Banken	☑	-	-	-	-	-	-	-	-	-	-	-	-
	IT	-	☑	-	-	-	-	-	-	-	-	-	-	-
	Transport & Logistik	☑	-	-	-	-	-	-	-	-	-	-	-	-
	Versicherungen	☑	-	-	-	-	-	-	-	-	-	-	-	-
	Kern Branchenfokus	☑	☑	☑	☑	☑	☑	☑	☑	☑	☑	☑	☑	☑
Objekt	Partner / Kunde	☑	☑	☑	☑	-	-	-	☑	☑	☑	-	-	☑
	Produkt	☑	☑	☑	☑	-	☑	☑	-	-	-	☑	☑	-
	Kontrakt	☑	☑	☑	☑	☑	☑	☑	-	-	-	-	-	-
Prozess	Content & Community	☑	☑	☑	☑	-	-	-	☑	☑	☑	-	-	☑
	Product Life Cycle	☑	☑	☑	☑	-	-	-	-	-	☑	☑	☑	-
	Supply Chain	☑	☑	☑	☑	☑	☑	☑	-	-	☑	☑	☑	-
	Commerce	☑	☑	☑	☑	☑	☑	☑	☑	☑	☑	☑	☑	☑
	Maintenance & Repair	☑	☑	☑	☑	-	-	-	-	-	☑	-	-	☑
	Finance	☑	☑	☑	☑	☑	☑	☑	-	-	☑	-	-	-

Abb: Einordnung der B2B-Standards
Quelle: Albayrak, 2000

Anlage 2: Ein Nutzungsszenario mit XML

XML Nutzungszenarien

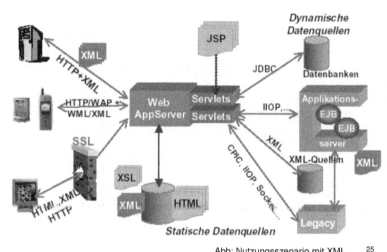

Abb: Nutzungsszenario mit XML [25]

Quelle: Hranitzky, 2000

Anlage 3: Nachrichtenablauf mit SOAP

Abb: Nachrichtenablauf mit SOAP [26]

Quelle: Volz, 2002

---

[25] Vgl. Hranitzky, 2000, S.84

[26] Vgl. Volz, 2002, S.3

Anlage 4: Nachrichtenablauf mit SOAP

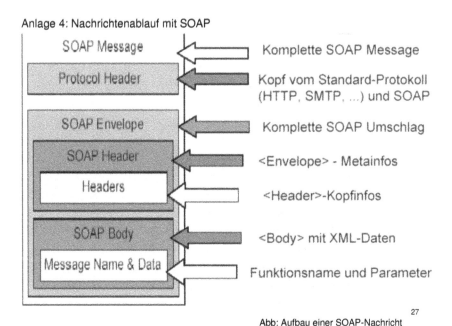

Abb: Aufbau einer SOAP-Nachricht [27]

Quelle: Albayrak, 2000

---

[27] Vgl. Albayrak, 2000, S.20

Literaturverzeichnis

Ariba, cXML Benutzerhandbuch, Version 1.1, April 2000, cXML.org, 2000.

Albayrak, Yalcin, XML / SOAP, Electronic Commerce-Projekt, TU Berlin, 2000

EDIFACT (Elektronischer Datenaustausch für Verwaltung, Handel und Transport), http://www.net-lexikon.de/EDIFACT.html (abgerufen am 02.01.2003)

Fitzgerald, M., Building B2B Applications with XML - A Resource Guide, John Wiley & Sons, Inc., New York, 2001

Fleischer, Jürgen / Eichwald, Andreas; Umsetzung der ebXML-Spezifikationen am Beispiel eines mittelständischen Unternehmens; Pforzheim 2002

Geese, Elmar / Heiliger, M.; XML mit VB und ASP; Galileo Computing; Bonn 2000

Hayn, Holger; Simple Object Access Protocol – macht Dienste über HTTP verfügbar; Pforzheim 2002

Hranitzky, Norbert; XML write once, read anywhere; Siemens Business Services 2000

Huemer, C., Electronic Business XML - Grundlagen und Nutzen, in: XML in der betrieblichen Praxis, dpunkt.verlag, Heidelberg, 2001, S. 13-28

Kuhlmey, Ole; Kostengünstige B2B-Integration auf der Basis des ebXML-Frameworks; Konstanz 2003

Manes, A.T., ebXML Architecture, in: Proceedings of the O'Reilly Conference on Java, Sun Microsystems, 2001

Noack, Dipl.-Math. W.; XML 1.0 Grundlagen; RRZN / Universität Hannover; Hannover 2001

Phillips, Lee Anne; XML Modernes Daten- und Dokumentenmanagement; Markt + Technik; München 2002

RosettaNet, Background and Information, RosettaNet, Santa Ana, California, 2001a

Rothfuss, Gunther / Ried, Christian; Content Management mit XML; Springer; Berlin 2001

Seeboerger-Weichselbaum, Michael; XML; Einsteigerseminar; Bonn 2001

Dr. Ing. Sternemann, K.H.; XML als Enabler für die horizontale und vertikale Integration

Storz, C.; Institutioneller Wandel und die Globalisierung von Standards, Universität Marburg, http://www.uni-marburg.de/japanz/projekte/pro_stan.htm; 9.10.2001.

Volz, Raphael, SOAP – XML Messaging, Web Services, Karlsruhe, 2002

www.ingramcontent.com/pod-product-compliance
Lightning Source LLC
LaVergne TN
LVHW042305060326
832902LV00009B/1281